Emile SAVALLE

AU

BON VIEUX TEMPS

PREMIÈRE PARTIE

LE CULTE DES SAINTS

AVANT 1789

HAVRE

IMP. F. SANTALLIER & Cᵉ, BOULEVARD DE STRASBOURG, 162

1876

EMILE SAVALLE

AU
BON VIEUX TEMPS

PREMIÈRE PARTIE

LE CULTE DES SAINTS

AVANT 1789.

HAVRE

IMPRIMERIE F. SANTALLIER & Cᵉ, BOULEVARD DE STRASBOURG, 162.

1876

AU BON VIEUX TEMPS

PREMIÈRE PARTIE

LE CULTE DES SAINTS

AVANT 1789

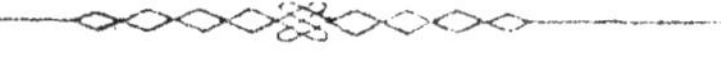

I

*Dom Bride, Prieur du Monastère de Saint-Pierre-de-Jumiéges,
à Monsieur le Curé de Jumiéges.*

Du Monastère de Saint-Germain-des-Prés,
à Paris, ce 10 Juillet 1772.

Monsieur le Curé,
Dès mon arrivée
Dans la relevée,
Droit, chez vous, j'irai :
Surtout, qu'à mon gré,
La Nef soit pavée,
L'Eglise lavée,
L'Autel restauré,
La poudre enlevée,
Le Chœur décoré,
Le Portail vitré,
Le Lutrin ciré,

Le Toît réparé :
Que chaque travée
Repeinte, achevée
Soit par moi trouvée.

En Notre-Seigneur,
Salut ! — Le Prieur.

II

Dom de Saulty, Cellerier, aux Thélémites.

Du Monastère de Saint-Pierre-de-Jumièges,
ce 20 Juillet 1772.

Salut, Frères, santé ! Dieu vous garde à Thélème !
Ne venez pas céans ; c'est tous les jours carême,
Vigiles, haricots, jeûnes, privations,
Soupe fade, vin sûr et génuflexions !
Malheur, malheur à nous ! Le Prieur est ascète !
Nous sommes, jour et nuit, à l'Eglise, en retraite.
Tout en psalmodiant, je vous écris du Chœur.

Or, après Vêpres, hier, dom Bride, le Prieur,
    Sortant du Monastère,
    S'en fut au Presbytère,
    Où Monsieur le Curé
    Le reçut, effaré ;
    Pendant que sa servante
    (Ou mieux sa gouvernante)
    Restait bouche béante,
    A peine respirait
    Et, pâle d'épouvante,
    Derrière elle cachait
    Un superbe poulet
    Qu'avant elle plumait.

— « Allons-nous à l'Eglise,
» Afin que je vous dise
» Mon goût, mes sentiments
» Des embellissements
» Que vous venez d'y faire ? » —

Attrapant son bréviaire,
Le Curé le suivit :
En affaire pareille
Point du tout ne se fit
Longtemps tirer l'oreille
Et remercia Dieu.

Arrivés au Saint Lieu,
Tous deux le parcoururent
A leur aise, en tous sens,
Gravement, à pas lents ;
Une heure discoururent.

Dom Bride approuva..... par hasard !
Mais, jetant un dernier regard
Sur les piliers et les corniches,
Sur les piédestaux et les niches :
« Cela manque de Saints ! Je vous en enverrai. »
        — « Mais, j'en ai ! mais, j'en ai !
        » Là, derrière la porte,
        » Un choix, de toute sorte !
        » Cela manque de Saints ! !
        » Quand j'en ai par douzaines,
        » Papes ou Chapelains,
        » Vierges ou Madelaines,
        » Bergères, Châtelaines,
» Des Moines studieux ou des Frères prêcheurs,
» Chartreux ou Mendiants, de toutes les couleurs,
» Blancs, noirs, gris, bruns, roux, verts, avec ou bien sans crosse,
» Titrés, mîtrés, dorés, honneur du sacerdoce,
» Saints de plume ou d'épée, Orateurs ou Guerriers,
» Portant cordon, bissac, avec palmes, lauriers.

» Des Abbés, des Ermites.
» De pauvres Cénobites,
» Des Saints canonisés,
» Ou Béatifiés !
» Des tonsurés, — et des laïques,
» Des rubiconds, — des ascétiques,
» Des Apôtres, — ou des Docteurs,
» Des Martyrs, — ou des Confesseurs
» Convertis ou convertisseurs,
» En vogue, influents, authentiques !
» Des Saints nobles, — des roturiers ;
» Des Empereurs, — des besaciers !
» Regardez : contre la muraille,
» Sont-ce là, dites-moi, des Saints de prétintaille ?
» Tous sont en cœur de chêne et bien rafistolés,
» Des neufs — et des anciens repeints, bariolés.
» Voyez-vous cette file
» De Saints pour les maux, tous
» A deux sous l'Evangile
» Et la Messe à vingt sous ?
» Saints qu'un artiste habile
» A sculptés au ciseau,
» Non à coups de couteau,
» Comme ceux d'Yainville,
» Chefs-d'œuvre d'un Bedeau !
» Des Saints de Confrérie, — ou de Pèlerinage,
» Qui guérissent la peur, les coliques, la rage,
» La goutte et les éruptions,
» Les clous et les convulsions,
» Les fièvres et l'hydropisie,
» La lèpre et la paralysie.
» Cela manque de Saints ! ! ! Mais, voici Saint Benoit
» Auquel le charpentier vient de remettre un doigt ;
» Un Pèlerin troussé, son bourdon, ses coquilles ;
» Un Saint André tout neuf ; un Saint Roch — et son chien :
» Un nouveau Saint Crépin, — et Saint Crépinien ;
» Saint Martin, son manteau, — le pauvre ses guenilles ;

» Un grand Saint Nicolas,
» Et les petits bonshommes
» Dans le baquet, au bas ;
» **Petits et grand**, — plus frais que vous et moi ne sommes,
» **Brillants, étincelants, et gros, et gras, et beaux,**
» **Qui vous ont des fessiers plus larges, — que des veaux !**
» Regardez-donc, mon Père :
» Vous conviendrez, j'espère,
» Que j'en ai, qu'en voilà.....
» **Des Saints ....!** *In nomine Patris....* et cœtera ! »

III

*L'Abbé Le Chanoine, Prêtre desservant d'Yainville, à Monsieur
le Curé de Jumiéges.*

Yainville, ce 10 Aoust 1771.

» Saints qu'un artiste habile
» A sculptés au ciseau,
» Non à coups de couteau,
» Comme ceux d'Yainville,
» Chefs-d'œuvre d'un Bedeau ! »

Oui, vous avez des Saints ! vous en avez un choix ;
Vous en avez un cent, cinq cents, mettons un mille ;
Vous l'avez dit très-haut, dit par dessus les toîts ;
Dit aux champs, aux châteaux, aux couvents, à la ville ;
Dit au Prône, en plein air, redit à domicile ;
Aux échos d'alentour, aux vents, aux flots, aux bois ;
Dit à tous les passants, à tous nos villageois,
A Thélème, on en rit : j'en ris dans Yainville !

Or, à quand, dites-nous, l'inauguration ?
A la Saint-Valentin, — jour de pluie ou de glace,
Dans le cœur de l'hiver ? mauvaise occasion,
Saison mal à-propos pour promener la châsse

D'un Patron si puissant ! que voulez-vous qu'il fasse
Un miracle à mulots, à la procession ?
Tant pis pour Valentin et sa dévotion !
Allons, est-ce entendu ? va pour la Dédicace !

Eh ! puisqu'il est trop tôt pour la Saint-Valentin,
Trop tard pour la Saint-Pierre, au moins, en belle automne.
Quand le grenier est comble et le boursicot plein,
Quel moment opportun ! et que l'époque est bonne !
Quand sa foi refleurit, quand son gousset résonne,
Le manant est à point, le pieux Pèlerin
Est en état de grâce auprès de Saint Frusquin.
Les rustres ont glané ! Prêtre, à ton tour : moissonne !

> Gloria Domino !
> Cette cérémonie,
> Cette fête bénie
> A-t-elle son ordo ?
> Mon excellent confrère,
> Prenez-moi celui-ci :
> Il fera votre affaire,
> Il est très réussi.

Après, vous m'en direz, s'il vous plaît des nouvelles.
Blanchi dans le métier, j'en connais les ficelles :

« *Sonnez, cloches ; sonnez ! Grand'Messe du Prieur,*
« *Dom Mésange au Lutrin, sermon de Lefaucheur ! »*

J'entends déjà les voix qui chantent dans la brise,
Je vois, je vois d'ici le splendide appareil,
L'immense défilé roulant sous le soleil,
Quand le Saint-Sacrement sortira de l'Eglise !
En tête est le Bedeau, qui carillonne fort ;
Les Frères de Saint-Jean, par deux, au pas, d'accord ;
Puis la Charité vient ; après c'est le Rosaire,
Portant chacun Croix d'or, Chaperons et Bannière.
Le Dais, voici le Dais, au milieu des Seigneurs,
Des Clercs, des encensoirs, des parfums et des fleurs.

Et puis, c'est pêle-mêle, en queue, au loin, derrière,
Tous vos paroissiens : enfin, le populaire
    Dans la poudre grouillant,
    Culbutant, bredouillant,
    Galopins gambillant,
    Cagneux s'écarquillant,
    Béquillards béquillant,
    Goîtreux s'égosillant ;
    Tortillards, hydropiques,
    Goutteux, paralytiques,
    Lépreux, épileptiques,
    Malotrus, rachitiques ;
    Chacun saute, vient, va,
    Courant de ci de ça,
    Trottant cahin caha,
    Clopant et cœtera ;
    Gens extraordinaires,
    Cancres et pauvres hères
    Pleins de gale, d'ulcères,
    D'emplâtres, de misères ;
    Vermineux, idiots,
    Aveugles-nés, manchots,
    Culs-de-jatte, pieds-bots,
    Morveux, bossus, nabots ;
    Tous les maux, tous les vices,
    Les blessures factices,
    Les honteux artifices,
    Les fausses cicatrices ;
Harmonieux concert de crétins, de perclus,
Hurlant, bêlant : « *Veni Creator Spiritus !* »

O spectacle inouï ! sans peine je déclare
Qu'on parlera longtemps d'une fête si rare.
Mais de ce grand éclat quel profit aurez-vous ?
Que vous reviendra-t-il en écus, en gros sous ?
Vous rêvez, chaque nuit, de Messes, d'Evangiles,
De fiévreux, d'impotents, d'argent, de gains faciles,

De longs repas : boudins, andouillettes, jambons,
Saucisses, cervelas grillant sur les charbons !
Casseroles et plats de viandes, de carottes,
D'épices, de persil, de laurier, d'échalottes ;
Côtelettes de lard, appétissants fricots,
Pigeonneaux rissolés, poulets d'Inde, gigots ;
Norolle, pain mollet, confiture, noisette,
Poires de Bon-Chrétien et pommes de reinette,
Cerises, chasselas, abricots et primeurs,
Sirops, cidre mousseux, vins d'élite, liqueurs,
La vaisselle d'argent, les verres d'Allemagne,
Et la toile de Flandre et le tabac d'Espagne ;
Sans oublier surtout la tasse de café.
— Vous voulez celui-ci limpide, à point chauffé,
Odorant, fort, mouillé de très-vieille eau-de-vie ! —
(Car voilà ce que c'est que d'aller les jeudis
A table de Prieur goûter de bons rôtis !)
« C'est ainsi, songez-vous, que coulera ma vie,
» Et j'aurai pour l'hiver un bien-être assuré,
» Un feu flambant dans l'âtre, un fauteuil rembourré,
» Un lit gonflé, moelleux, l'édredon, l'accessoire,
» Des meubles comme il faut, du linge plein l'armoire ;
» La lèchefrite embaume et la cuisine rit.
» Le tourne-broche ronfle et sa voix me ravit.
» J'ai du vin plein mes fûts, j'ai du pain sur la planche !
» Pour mes vieux ans, je veux encor mieux mille fois ;
» Car chacun de mes jours sera comme un Dimanche,
» Chaque Dimanche Fête ; et les Fêtes des Rois ! ! ! »

Tous ces enivrements, les rêves les plus roses,
Le mélange enchanteur des plus suaves choses,
Les nuages dorés et les horizons bleus,
Vous mettent dans l'extase, au comble de vos vœux ;
Et vos yeux éblouis contemplent ces spectacles,
Ce brillant avenir parsemé de miracles !

Balivernes ! Vertige ! Erreur ! Illusions !
Délire ! Songes-creux ! âpres déceptions !

J'y vois juste et bientôt vous en ferez l'épreuve :
Vous tenez, croyez-vous, une soutane neuve
Et des boucles d'argent avec de beaux souliers,
Pour Gertrude une coiffe et de blancs tabliers,
Avec ces falbalas dont elle est si friande.
Au fond de tout cela, je vois : pas une offrande,
Pas un petit écu, pas le moindre cadeau.
Et Gertrude mourra dans le même sarrau,
Vous avez vos sabots et votre houppelande :
Adieu, paniers, rubans, vertugadin, trousseau !

Pourquoi tant vous bercer d'une douce chimère ?
Si vos Saints sont nombreux, ils ne guérissent guère !
Je le dis entre nous, franchement, sans façon :
N'en ayez qu'un plutôt, qu'un seul, — mais qu'il soit bon !
Vos saints sont plus tassés que ceux de Caillouville
Dont on glose si fort : à Jumiéges défile
Tout un calendrier choisi, du plus haut goût :
« Aimez-vous les bons Saints, on en a mis partout ! »
Le couple, croyez-moi, vaut mieux que la douzaine ;
Un seul, mieux que le couple, — à moins d'un phénomène !
Vous voulez sur vos Saints la richesse, l'éclat,
Les habits somptueux, de l'or, de l'apparat ;
Ils sont unis, luisants, comme des saints-ciboires.
Avantages menteurs ! qualités illusoires !
Des bons Saints quoiqu'il soit idolâtre, entiché,
Le vilain est avare et veut du bon marché.
Il veut peu d'étalage et de cérémonie ;
Sinon, il file ailleurs : bonsoir, la compagnie !
Plus il les voit parés, et plus ils les croit fiers,
Hautains, sourds à ses vœux, inabordables, chers.
Les miens ne valent rien ! soit : ils valent les vôtres.
J'en ai, puisqu'il le faut, — et je n'en veux plus d'autres.

Non, vous n'avez pas su trouver le vrai moyen !
Le vrai, c'est moi qui l'ai ; le meilleur, c'est le mien.
Libre à vous de tomber dans l'erreur si commune
De vouloir attraper avec vos dents la lune,

Ou de courir après deux lièvres à la fois.
Les plus simples façons sont toujours les meilleures :
Vous courez, moi je tiens ; sans cesse, je perçois,
Quand vous cherchez... midi, vous dis-je, à quatorze heures !

Il n'est pas un Curé, dans tout le Doyenné,
Qui paraisse, peut-être, autant que moi gêné.
Mon Eglise est en blocs, mon presbytère en paille ;
Chacun de mes Saints n'est, selon vous, rien qui vaille ;
Les Yainvillais sont tous manants, pauvres, gueux,
Et ma paroisse, au plus, compte à peine cent feux :
Profits, revenants-bons et casuel — pour la frime.
Je n'ai clocher ni cure et partant point de dîme.
Je reçois humblement de nos Barons Tondus
Une rente annuelle, en tout, de trois cents livres, —
Juste de quoi manger des œufs clairs frais pondus. —
Cependant, quand je vais renouveler mes vivres,
Au marché de Duclair, les mardis, si je veux
M'acheter un régal, un pâté savoureux,
Une alose laitée, une volaille grasse,
Il ne m'est pas besoin de vendre sur la place
Des sacs de dîme verte afin d'avoir l'argent ;
Et l'on ne me voit pas, comme vous, enrageant,
Assourdi, bousculé, faire le pied de grue
Dans les tas de paniers, sur les quais, dans la rue,
Comme vous, au soleil, à la pluie, en plein vent,
Et, comme vous, pester après chaque chaland :
» Ces pommes-ci, combien ? — c'est dix sous la rasière,
» En Dîme, s'il vous plaît, de qualité première,
» Peau-de-Vache, Bec-d'Asne, Onfroy, Doux-à-l'Aignel. —
» Et les pommes de table ? — A six sous le boissel,
» En Reinette de Caux, Pigeon, Reinette grise,
» Ou Canada, Calville, au choix, à votre guise. —
» Combien de fourniture ? — Aucune. — Comble ? — Ras. »
Grâce à Dieu, je n'ai point de pareils embarras.
Je puis payer rubis sur l'ongle, c'est-à-dire
En pièces de six liards, en sous vert-de-grisés,
En patards, car j'en ai toujours d'avance assez.
Après, j'en ai de reste encore de quoi frire.

Je n'ai qu'à me fouiller : de mes poches, soudain,
Je les tire à poignée, en tas, à pleine main.
J'en ai dans mon gousset, jusque dans la doublure,
Et j'ai, pour le remplir, une méthode sûre,
Un moyen infaillible, unique j'en conviens,
Sans égal, sans rival, le moyen des moyens.
Je dîme à ma manière ! Oh ! je vous vois sourire :
Ce merveilleux secret, je m'en vais vous le dire.

Dans la Forêt, là-haut, au milieu des genêts,
        Sous les chênes, je sais
Une pauvre Chapelle, humble, silencieuse ;
Quatre murs de moellon, sente mystérieuse,
Nid de mousse et de lierre, au-dessus le ciel bleu.
C'est le séjour béni de la Très-Sainte-Vierge,
        « *Bonne Mère de Dieu.* »
Au vêtement modeste, à la robe de serge, —
Dans ses bras est l'Enfant souriant, simple, nu ! —
On n'y voit point la soie et l'or est inconnu :
Point de manteau d'azur, de brocart, de dentelles,
Point d'étoiles au front, de riches bagatelles,
De couronne, de dais, d'anges adorateurs ;
Point de rubans moirés aux voyantes couleurs ;
Point de vases ornés de bouquets, de guirlandes ,
De lys, de fausses fleurs, de chiffres, de légendes ;
Ni sceptre, ni flambeaux, ni perles, ni velours ;
Humilité partout et pauvreté toujours.
Aucun colifichet, aucune prétintaille.
L'Autel est en sapin et la chaise est en paille,
Un chandelier, un tronc, ni porte, ni verroux,
        Ni cadenas, ni grilles ;
On ne voit qu'ex-voto, chapelets et béquilles
        Accrochés à des clous !

Vous l'aviez, cette Vierge ! au fond du sanctuaire
On l'avait reléguée : un manteau de poussière,
A l'écart, en un coin, la dérobait aux yeux.
Sacrilège imprudent ! Dédain injurieux !

Elle a voulu punir cet affront, cet outrage.
Or, en faveur de qui ? De moi, de ce village,
Elle s'enfuit un soir, et là-haut se cacha.
Grande rumeur au Bourg : partout on la chercha.
On l'a retrouve enfin ! où ? Dans le creux d'un chêne.
Et dans son coin obscur le Bedeau la ramène !
Elle était le matin de retour dans les bois.
Sept fois on la reprit ; elle revint sept fois !
Le voile tombe alors et la foi se revèle.
« Miracle, criait-on, dressons une Chapelle
» A Marie ; elle veut qu'on l'honore en ce lieu.
          » Miracle ! Gloire à Dieu !
» A l'œuvre ! Du mortier, des blocs, une truelle ! »

Depuis cet heureux jour on ne voit par chemins
Que fidèles, pieds nus, un cierge dans les mains,
Accourant implorer les grâces infinies
De la Reine des Cieux, chantant les litanies,
Récitant le Rosaire et répétant encor,
Sans cesse : « Ave, Pater, Credo, Confiteor ! »
Depuis ce jour béni, ce n'est dans la bruyère
Que gens agenouillés, comme une fourmilière ;
Et pour nouer la fièvre il faut, sans plus d'apprêts,
Faire de simples nœuds aux branches de genêts.
        De tous les points, le monde.
        Au rendez-vous abonde.
On y vient d'Epinay, de l'Aulnay, de Duclair,
De Sainte-Marguerite ; on y vient de Saint-Paër,
Du Vaurouy, des Vieux, d'Ecalles, de Roumare,
De Mauny, du Landin, du Froc de Honguemare ;
On y vient de Rençon, du Trait, de Caudebec,
De la Bouille, d'Elbeuf, de Bourg-Achard, du Bec ;
On y vient de Bretot, de Routot, de la Haye ;
De Bliquetuit, du Torp et de la Mailleraye ;
On y vient de la rive, on y vient des plateaux,
Du Vexin, du Roumois et du Pays de Caux.
A prodige si grand, faut-il en commentaire ?
Ma Vierge, à moi, guérit : voilà tout le mystère.

En retour, elle veut la prière, la foi,
Des nœuds, un cierge, un liard (liard et cierge — pour moi !)
Ce n'est jamais en vain qu'un infirme l'aborde,
Qu'un fiévreux à recours à sa miséricorde ;
Des maux invétérés, seule, elle vient à bout ;
Seule guérit toujours ; seule guérit de tout.
          Enfin, soit dit en parenthèse,
                La Nation
          Est depuis Louis Treize
          Sous sa protection ;
          Aussi, ne vous déplaise,
          La France, un jour, toute aise,
N'ayant foi qu'à la Vierge, à ses pieds tombera !
On n'ira plus aux Saints ! qui vivra vieux, verra !

Elle est pauvre, ma Vierge ; et pauvre est sa Chapelle,
Cette pauvreté même a fait sa clientèle.
Mais elle bat monnaie, elle m'enrichira :
« Salus infirmorum, Virgo potens, ora..... ! »
Aussi ne pensez pas que je vous porte envie.
Non, Monsieur le Curé ; j'ai l'âme trop ravie ;
Car le plus beau joyau de votre écrin, je l'ai.
J'ai plus de sous par lui, que vous de grains de blé,
Chacun me donne un liard, chacun m'apporte un cierge,
Gardez vos Saints, Monsieur ; moi je garde ma Vierge !

PRIÈRE !

Bonne Mère de Dieu, faites-moi la faveur
Qu'on dise, dans quinze ans, de votre serviteur :
« Les cierges qu'il revend, afin qu'on les refonde,
» S'ils étaient bout à bout, feraient le tour du monde !
» Et ses liards, empilés, atteindront un beau jour,
» Pères Bénédictins, votre plus haute tour ! »

IV

On jasait à la Cour, à la Ville, au Théâtre,
De certain grand seigneur et de certain poulet :
　　　　« Ha ! Ha ! le bon billet
　　　　» Qu'a Monsieur de La Châtre ! »

Trop heureux villageois, ne soyez plus jaloux :
　　　　Ne dit-on pas chez vous :
« Paroles de Monsieur le Curé d'Yainville
» Ne sont pas, loin s'en faut, paroles d'Evangile ? »